BEI GRIN MACHT SICH IHR WISSEN BEZAHLT

- Wir veröffentlichen Ihre Hausarbeit,
  Bachelor- und Masterarbeit

- Ihr eigenes eBook und Buch -
  weltweit in allen wichtigen Shops

- Verdienen Sie an jedem Verkauf

Jetzt bei www.GRIN.com hochladen
und kostenlos publizieren

Silvia Asser

Zu: Thüring von Ringoltingens "Melusine" - Verwandtschaftsbeziehung und Erzählstruktur

GRIN Verlag

Silvia Asser

Zu: Thüring von Ringoltingens "Melusine" - Verwandtschaftsbeziehung und Erzählstruktur

GRIN Verlag

Bibliografische Information der Deutschen Nationalbibliothek:

Die Deutsche Bibliothek verzeichnet diese Publikation in der Deutschen National-
bibliografie; detaillierte bibliografische Daten sind im Internet über http://dnb.d-
nb.de/ abrufbar.

Impressum:

Copyright © 2005 GRIN Verlag GmbH
Druck und Bindung: Books on Demand GmbH, Norderstedt Germany
ISBN: 978-3-638-93957-7

Dieses Buch bei GRIN:

http://www.grin.com/de/e-book/72495/zu-thuering-von-ringoltingens-melusine-
verwandtschaftsbeziehung-und

Thüring von Ringoltingens „Melusine"

- Verwandtschaftsbeziehung und Erzählstruktur -

Guerard jnuenit et fecit

*1

Thüring von Ringoltingens „Melusine"

- Verwandtschaftsbeziehung und Erzählstruktur -

Universität Potsdam

Institut für Germanistik

Lehrveranstaltung: GKB)

Thema:

Thüring von Ringoltingen: „Melusine"

Sommersemester 2005

Studentin:

Silvia Asser

Inhaltsverzeichnis

1. Einleitung

Thüring von Ringoltingen (* um 1415, † 1483) von Bern schrieb nach einer französischen Vorlage von Couldrette (1401) im Jahr 1456 die Erzählung „Melusine", die später als Volksbuch weite Verbreitung fand.

In ihr wird von der schönen Meerfee Melusine berichtet, die eine Ehe mit dem Grafen Reymund eingeht, um sich zu beseelen und von ihrer Naturhaftigkeit zu erlösen. Melusine erweist sich als Bauherrin und gebiert ihrem Mann zehn Söhne, von denen die ersten acht einen Makel im Gesicht tragen. Bei der Eheschließung hatte sich Melusine allerdings ausbedungen, dass sie jeden Samstag ungestört bleiben müsse. Entgegen dieser Abmachung überrascht sie Reymund im Bad, als sie wieder ihre Doppelgestalt angenommen hatte: vom Bauchnabel herab trägt sie einen langen beschuppten Wurmschwanz. Doch die Eskalation dieses Tabubruchs kann aufgehalten werden, solange Reymund für sich bewahrt, was er gesehen hat. Als jedoch sein Sohn Goffroy seinen eigenen Bruder Freymund tötet veröffentlicht Reymund Melusines Geheimnis. Melusine, ihrer Natur entlarvt, muss entschwinden. Erst im späteren Verlauf der Erzählung wird bekannt, dass Melusine einst mit ihren Schwestern Meliora und Palentine Rache an ihrem Vater Helmas übte, der wiederum das von seiner Frau Persine ausgesprochene Tabu verletzte und sie im Kindsbett besuchte. Als Strafe belegte Persine ihre Töchter jeweils mit einem Fluch.

In der uns vorliegenden Erzählung spielt die Geschichte Melusines und Reymunds allerdings eine eher untergeordnete Rolle. Der Roman ist primär eine genealogisch zentrierte Familiengeschichte, die vier Generationen umspannt und fast die gesamte damals bekannte Welt zum Handlungsort hat.

Ungeklärt bleiben die Fragen: Ist der Tabubruch schicksalhaft oder zwangsläufig? Ist der Fluch Melusines unentrinnbar? Wer ist Schuld an der letztendlichen Erfüllung der Prophezeiung: Reymund, der sich nicht an sein Versprechen hält? Oder Melusine, wegen der er dieses Versprechen überhaupt eingehen muss? Oder ist es Goffroy, dessen Brudermord Auslöser des Tabubruchs ist? Oder ist es Persine, die Urheberin des Fluches? Wird der Fluch physisch in Form von entstellten Körpermerkmalen an die Söhne Melusines weitervererbt? Oder gibt es eine Chance auf Erlösung?

Der Versuch diese Fragen zu beantworten und in der Verwandtschaftsbeziehung und Erzählstruktur zu analysieren soll Inhalt dieser Hausarbeit sein.

2. Hauptteil

2.1 Verwandtschaftsbeziehungen im Mittelalter

Verwandtschaft stellt sich in der mittelalterlichen Perspektive immer über die männlichen Subjekte her, die sich im Austausch von Frauen, dem so genannten Frauentausch, zueinander in Beziehung setzten. Frauen haben dabei einen Objektstatus. Eine selbstständige weibliche Identität war in diesem Weltbild somit nicht vorgesehen. Die Figur Melusine ist aber nicht etwa "Objekt des Frauentauschs", sondern "Subjekt der Dynastiebildung", "Glücks- und Genealogieproduzentin", "Kulturstifterin und Mutter eines adligen Geschlechts". Man kann Melusine also als dekonstruierenden Kommentar zu den kulturellen Setzungen von Verwandtschaft im Mittelalter lesen (vgl. Klinger 2003, S. 47). Auch die Inzestproblematik spielt in diesem Roman keine Rolle, was für die damaligen Verhältnisse zwar vorbildlich christlich war, aber in den seltensten Fällen eingehalten wurde bzw. eingehalten werden konnte.

2.2 Verwandtschaftsbeziehungen anhand des Stammbaumes

Im folgenden Abschnitt will ich auf Zusammenhänge und Auffälligkeiten hinsichtlich Melusines und Reymunds Genealogie eingehen (zur Veranschaulichung dient der Stammbaum).

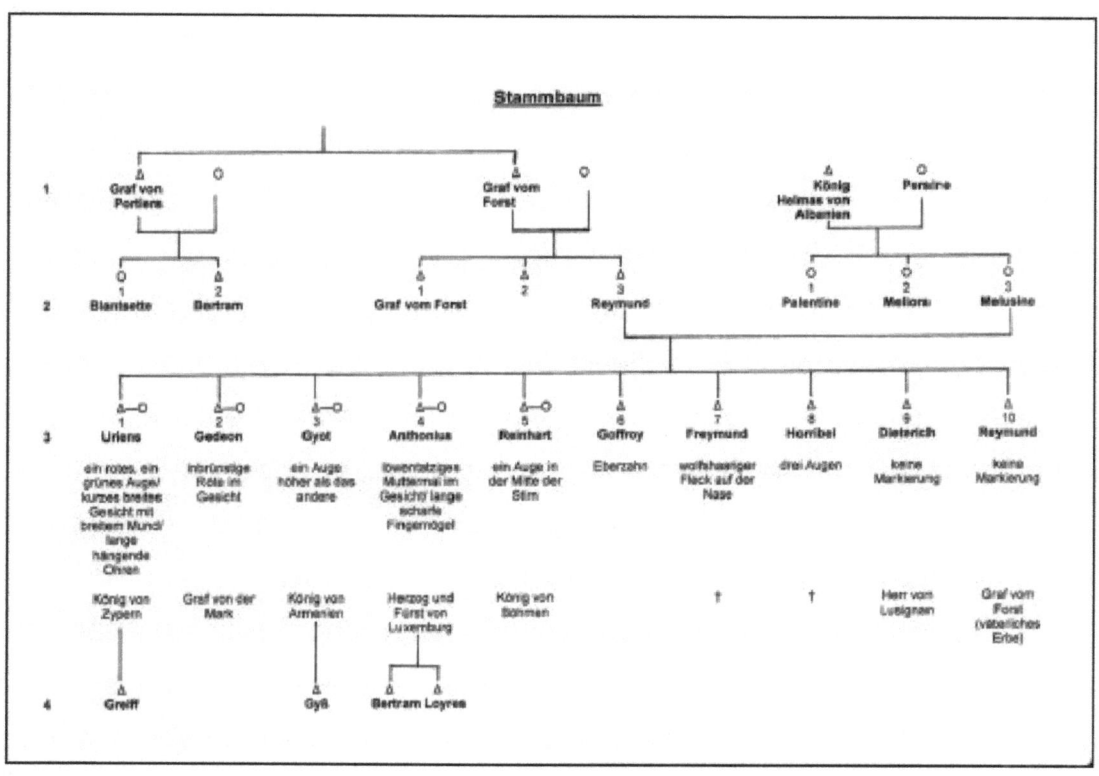

Zunächst fällt bei der Betrachtung des Stammbaumes auf, dass Melusine und Reymund jeweils die Jüngsten von insgesamt drei Geschwistern sind, wobei Melusines Eltern ausschließlich weibliche und Reymunds Eltern ausschließlich männliche Nachkommen zeugten. Die Geschwister Melusines und Reymunds haben alle keine Nachkommen. Die Genealogie von Palentine und Meliora ist zudem noch eingeschränkt, da ihre Erlösung und somit überhaupt irdisches Leben und die Ermöglichung sich fortzupflanzen abhängig von Melusine bzw. ihren Nachkommen ist.

Die mittelalterliche Erblinie wird zunächst befolgt, denn sowie Reymunds ältester Bruder als auch Melusines älteste Schwester Palentine erben den väterlichen Besitz. Palentine erbt allerdings eher indirekt, da sie von ihrer Mutter dazu verflucht wurde den Schatz ihres Vaters auf dem Berg Rottnische im Königreich Arragon zu bewachen. Melusine und Reymund erben also nicht, erlangen aber trotzdem durch eine List und durch Melusines überirdische Fähigkeiten weltlichen materiellen Reichtum. Nachdem Goffroy seinen Onkel Graf vom Forst (Reymunds ältesten Bruder) in den Tod treibt und das Erbe an Reymund übergeht (sein zweiter Bruder ist offensichtlich bereits tot, wovon aber im ganzen Roman, vermutlich wegen Bedeutungslosigkeit, nicht die Rede ist) wird die Erblinie jedoch nicht nach üblicher mittelalterlicher Tradition weiter vollzogen, denn nicht der älteste, sondern der jüngste von insgesamt zehn Söhnen erbt den väterlichen Besitz Reymunds und wird Graf vom Forst. Diese Auffälligkeit lässt sich aber vielleicht aus dem Kontext des Romans heraus erklären: die erste Gruppe der Söhne (Uriens, Gedeon, Gyot, Anthonius und Reinhard) hat sich bereits, verstreut in der damals bekannten Welt, erfolgreich Land erworben. Der nächst ältere Sohn Goffroy hat sich, zwar nicht offiziell, aber innerfamiliär, durch den begangenen Brudermord enterbt. Der siebente Sohn Freymund starb, wie bereits erwähnt, durch die Hand seines Bruders Goffroy und Horribel wurde auf Veranlassung Melusines von seiner Familie getötet. Dieterich, der zweitjüngste Sohn, erbt den mütterlichen Nachlass und wird Herr von Lusignan und somit fällt dem jüngsten Sohn der väterliche Besitz zu. Aber nicht nur dieser Sachverhalt verbindet Reymund mit seinem jüngsten Sohn, sondern auch die Namensgleichheit, wobei es für die damalige Zeit keineswegs unüblich war seinen

Namen an die nächste Generation weiterzugeben, man wollte schließlich die Kontinuität bewahren.

Auch zwischen Reymund und seinem Sohn Goffroy besteht ein kausaler Zusammenhang, denn zum einen erinnert Goffroys Körpermerkmal, ein Eberzahn, der ihm aus dem Mund herausragt, daran, dass Reymund seinen Onkel und Adoptivvater Graf Emerich von Portier erstach, als er ihn vor einem wilden Eber retten wollte und zum anderen verbindet sie, dass sie beide ihren Onkel umgebracht haben. Auch Melusine fügt sich mit ihrem Vatermord in die innerfamiliäre Gewaltproblematik.

2.3 Die innerfamiliäre Gewaltproblematik

Die in diesem Roman vorkommende Gewalt muss man zunächst zwischen konstruktiver und destruktiver (innerfamiliärer) Gewalt unterscheiden, wobei man zugleich die zehn Söhne Melusines und Reymunds in zwei Gruppen unterteilen kann: Unter dem Punkt konstruktiver Gewalt kann man die ersten fünf Söhne (Uriens, Gedeon, Gyot, Anthonius und Reinhard) zusammenfassen. Sie sind zwar gewalttätig, dies aber eher im Sinne von kampfbereit. Sie bringen sich produktiv in die Gesellschaft ein, indem sie sie vor Heiden verteidigen. Alle fünf Söhne dieser ersten Gruppe entfernen sich von der Familie, heiraten exogam, expandieren und erhalten ein eigenes Reich und Geschlecht. Mord wird in diesem Zusammenhang durch die Expansion gerechtfertigt. Ihre Gewaltakte sind konventionell, denn sie richteten sich nach außen gegen Fremde. Anders als in der ersten Gruppe der Söhne bleibt die zweite Gruppe heimisch und expandiert nicht. Hier ist destruktive Gewalt zu verzeichnen, wobei davon nur die ersten drei Söhne dieser Gruppe betroffen sind (Goffroy, Freymund und Horribel): Goffroy übt Gewalt aktiv aus, indem er seinen Bruder und seinen Onkel tötet; Freymund und Horribel sterben eines gewaltsamen Todes durch Familienmitglieder. Die destruktive Gewalt ist unkonventionell und unproduktiv, da sie sich gegen die eigene Verwandtschaft richtet.

An dieser Stelle seien die innerfamiliären Gewalttaten noch einmal zusammenfassend genannt: Melusine tötet zusammen mit ihren Schwestern ihren Vater König Helmas von Albanien, Reymund ersticht seinen Onkel Graf Emerich von

Portiers, Goffroy verbrennt seinen Bruder mitsamt hundert Mönchen und dem von Melusine erbauten Kloster und treibt seinen Onkel den Graf vom Forst in den Selbstmord und die Familie bringt auf Melusines Veranlassung hin Horribel um.

Ungeklärt bleibt für den Leser zunächst die Frage nach dem Ursprung der innerfamiliären Gewalt. Aber selbst als Melusines Genealogie aufgedeckt wird und der Leser den Grund für ihr Dasein als Mischwesen erfährt (nämlich die Tötung des eigenen Vaters und die darauf folgende Verfluchung durch die Mutter) verschiebt sich die Frage nach dem Ursprung der Gewalt um eine Generation nach hinten und wird somit noch ungreifbarer und unerklärbarer.

Goffroy spielt im Kontext der Gewalt eine zwiespältige Rolle, da er sowohl konstruktiv (in seinen Riesenabenteurern), als auch destruktiv Gewalt ausübt. Zugleich spielt er aber auch eine zentrale Rolle im Roman, denn er ist der einzige unter seinen Geschwistern, der Mord an Verwandten begeht und dies obendrein in zwei Fällen. Zudem wird durch Goffroy verdeutlicht, dass die Gewalt ein generationsübergreifendes Familienproblem darstellt. Goffroy ist überdies hinaus eine zentrale Figur innerhalb des Romans, weil er bzw. sein begangener Brudermord der Auslöser des Tabubruchs ist und er im Laufe eines Riesenabenteuers zufällig die bis dahin unbekannte Genealogie Melusines entdeckt.

Einen großen Interpretationsspielraum bietet der von der Familie begangene Mord an Horribel, der als Handelnder noch gar nicht in die Geschichte eingetreten ist und von dem seit seiner Geburt im Text nicht mehr die Rede war. Melusine veranlasste diesen Mord, kurz bevor sie aufgrund des Tabubruchs ihres Mannes entschwand, da sie großes Unheil in Verbindung mit Horribel voraussagte: *„Horribel unser Juengster Sohn / der drey Augen in die Welt hat bracht / den soltu nicht lebendig lassen / und von stundan nach meinem hinscheiden toedten und verderben / unnd ob er lebendig blieb / so moecht in dem gantzem Landt zu Portiers vor grossem Krieg / der da wuerd / kein Korn oder ander Fruecht mehr wachsen / denn er wuerde es gantz und gar verwuesten / und seine Brueder wuerde er alle bringen in ein grosse armut / und alle seine Freund / die seines Geschlechts seyn / wuerde er alle verderben und verheeren"* (Thüring von Ringoltingen, S. 88). Horribels vorausgesagte Terrorherrschaft bleibt allerdings virtuelle Zukunft. Hierbei stellt sich aber die Frage, warum Melusine die Kindstötung nicht weniger Aufsehen erregend gleich nach der Geburt durchgeführt hat? Denn sie hätte die von Horribel ausgehende Gefahr sicher schon früher wissen können. Meine Vermutung ist, dass sie aufgrund ihres

Entschwindens nun nicht mehr in der Lage sei, vermittelst Erziehung dem durch Horribel drohenden Schaden entgegenzuwirken. Das besondere an dem Mord an Horribel ist außerdem, dass er kollektiv begangen wurde (Melusine bittet Reymund Horribel zu töten und Reymund beauftragt wiederum seine Diener dies zu erledigen) und dass die Gewalt hier nicht direkt, sondern eher indirekt aus einer gewissen Distanz heraus ausgeübt wird: *„(...) unnd sie namen den Knaben / unnd legten ihn in einen Keller / unnd verstopffeten alle Fenster / unnd trugen nasses Heuw und nasses Stroh zu / unnd stiessen das mit Fewer an / und erstickten ihn in eim Keller zu todt (...)"* (Thüring von Ringoltingen, S. 94). Vielleicht war dieser Mord ein gemeinsamer aus Melusine hervorgegangener Versuch ein übergehen der Verwandtenmorde auf nächste Generationen zu beenden und somit das Gewaltproblem zu bändigen. Allerdings wurde der mit den Schwestern begangene Vatermord ebenfalls distanziert ausgeübt (er wurde in einem Felsen eingeschlossen und starb darin) und das Weiterbestehen der destruktiven Gewalt wurde damit nicht vermieden, sondern war vielmehr der uns bekannte Ursprung der Gewalt. Aber vielleicht schließt sich hier auch der Kreis: Am Anfang und am Ende der Gewaltproblematik steht die distanzierende Gewaltausübung als Sinnzusammenhang. Aber warum sollte ausgerechnet Horribel die Schlüsselfigur sein? Zum einen verrät dies schon der Name: ‚horribel' ist ein französisches Adjektiv, welches übersetzt ‚schrecklich' bedeutet und zum anderen zweiteilt Horribel die zweite Gruppe der Söhne Melusines als achtes Mitglied, wobei die übrigen aus dieser Gruppe bereits jeweils eine bestimmte Funktion haben: bei Goffroy und Freymund ist destruktive Gewalt zu verzeichnen (Goffroy übt sie aktiv aus, Freymund erleidet sie passiv) und bei den letzten beiden Söhnen Dieterich und Reymund ist scheinbar wieder die Normalität eingekehrt, denn sie sind die einzigen unter ihren Geschwistern, die keinen körperlichen Makel aufweisen, sie sind die einzigen, die von ihrer Mutter gesäugt werden (die anderen werden von einer Amme gesäugt, was aber im Mittelalter nicht ungewöhnlich, sondern beim Adel eher üblich war) und zudem übernehmen sie als einzige das elterliche Erbe. Vielleicht wird bei den letzten beiden Söhnen Dieterich und Reymund die Melusine versagte Erlösung verwirklicht.

Die Form der destruktiven Gewalt ist kenntlich Kernkonflikt und strukturierendes Thema des Romans.

Dabei stellt sich die Frage, warum die destruktive Gewalt immer wieder und sogar generationsübergreifend in der Familie thematisiert wird. In diesem Roman bedeutet ein innerfamiliärer Gewaltakt meist ein Umbruch oder Neuanfang und ist somit Ursprung für daraus resultierende wichtige Ereignisse. Somit ist zum Beispiel Melusines Vatermord gleichzeitig der Anlass für ihre Verfluchung und ihr Dasein als Mischwesen; Reymund und Melusine sind sich nur durch Reymunds desillusioniertes und hilfebedürftiges Verhalten, basierend auf den an seinen Onkel begangenen Mord, begegnet und dass Horribel seinen Bruder Freymund getötet hat, war für Reymund der Anlass Melusines Geheimnis zu veröffentlichen und somit einen Tabubruch zu begehen.

Den Aspekt der Veränderung im Zusammenhang mit Gewalt könnte man auch (wie bereits eingangs) als Dekonstruktion zum mittelalterlichen Weltbild deuten. Der Adel hatte zwar das Monopol zum legalen Waffenbesitz und zur Ausübung der Gewalt, aber er machte meist nicht im Sinne eines Neuanfangs davon Gebrauch, da der Gedanke an Veränderung im Mittelalter eher negativ behaftet war, sondern eher der Erhaltung der Kontinuität im Hinblick auf den Besitz und das eigene Geschlecht wegen. Adelsdynastie und Veränderung waren also zwei gegensätzliche Prinzipien.

2.4 Die Mahrtenehe

Neben der innerfamiliären Gewaltproblematik beeinflusst ein zweites Element die Struktur des Romans: die Mahrtenehe. Der Text ist so angelegt, dass die Handlungen in einer bestimmten Reihenfolge vollzogen werden, die sich nach der Struktur der Mahrtenehe richtet. Die Mahrtenehe bildet somit den mythischen Erzählkern.

Im folgenden Schema werden die Aspekte der Mahrtenehe und der endogamen, destruktiven Gewalt und deren Gewichtung in einem chronologischen Handlungsablauf anschaulich gegenübergestellt.

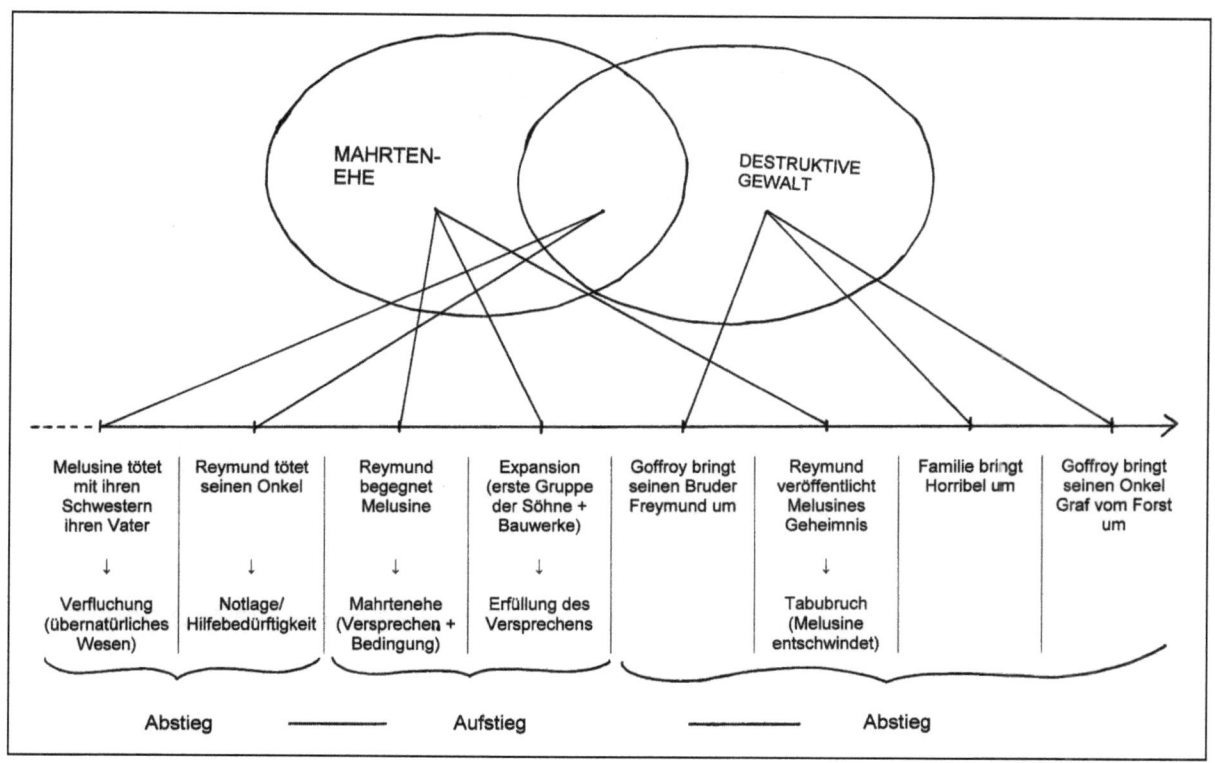

Es wird vermittelst dieses Schemas noch einmal verdeutlicht, dass die innerfamiliäre, generationsübergreifende Gewalt ein zentrales Thema ist, welches den Roman durchzieht. Diese Gewaltproblematik ist aber auch ein ganz eigenständiger Teil in der Geschichte, denn er ist kein unmittelbarer Aspekt der Mahrtenehe.

Man kann bei Betrachtung des Schaubildes erkennen, dass die Struktur der Mahrtenehe erfüllt ist. Die Mahrtenhe zeichnet sich durch eine Verbindung zwischen einem nichtmenschlichen Naturwesen, einer jenseitigen, unsterblichen, dem Element Wasser zugehörigen Frau und einem menschlichen Kulturwesen aus. Der Sterbliche trifft die schöne fremde Frau meist an einem Brunnen und befindet sich zum Zeitpunkt der ersten Begegnung in einer hilfebedürftigen Lage. Aufgrund seiner Hilfeempfänglichkeit wird er von dem Mischwesen durch das Versprechen weltlichen materiellen Glücks, unter der Bedingung einer Eheschließung, errettet. Die Mahrte versucht sich durch die Ehe mit einem Menschen zu beseelen und aus ihrer Naturhaftigkeit zu erlösen. Die Ehe ist an die Einhaltung eines Tabus geknüpft: Reymund darf Melusine samstags nicht im Bad, in ihrem ureigenen Element, dem Wasser, betrachten. Außerdem darf er die genealogischen Herkunft seiner Gattin fragen nicht erfahren.

Eine Mahrtenehe endet für die Mahrte immer unglücklich: aus der diesseitigen Welt wird sie durch den Tabubruch ihres Mannes schließlich wieder vertrieben, muss entschwinden und bleibt bis in alle Ewigkeit ein Mischwesen ohne eine weitere Chance auf Erlösung. Ganz profan ausgedrückt wird die Mahrtenehe durch einen Abstieg, Aufstieg und erneuten Abstieg strukturiert.

In zwei Ereignissen gibt es aber auch eine Übereinstimmung zwischen den Aspekten der Mahrtenehe und der destruktiven Gewalt: Als Melusine zusammen mit ihren Schwestern ihren Vater tötet, begeht sie einen Akt der destruktiven Gewalt, aber gleichzeitig ist dies auch ein Aspekt der Mahrtenehe, da Melusine erst durch die daraus resultierende Verfluchung zu einer Mahrte wird und überhaupt eine Mahrtenehe stattfinden kann. Das zweite Ereignis, indem sowohl die Mahrtenehe als auch die destruktive Gewalt thematisiert wird ist, als Reymund seinen Onkel Graf Emerich von Portiers ersticht. Erst durch diese Gewalttat begibt sich Reymund in eine hilfebedürftige Befindlichkeit, ist somit für Melusines Hilfe und Versprechungen sensibilisiert und die Voraussetzung für eine Mahrtenehe ist geschaffen.

2.5 Schicksal oder Zufall

Nach dem mittelalterlichen Weltbild waren alle Menschen von Gott geschaffen und wurden von ihm gelenkt. Der einzelne Mensch ist also Teil der göttlichen Ordnung, in der er einen ganz bestimmten und festen Platz hat. Daher ist es nicht verwunderlich, dass sich die Menschen ihrem Schicksal bzw. Gottes Wille fügten, ohne den Versuch der Änderung. Graf Emerich von Portiers (der Onkel Reymunds) besitzt zwar die Gabe, sein eigenes Schicksal prophezeien zu können, hat jedoch als irdischer sterblicher Mensch nicht die Fähigkeit sein Schicksal zu lenken oder Einfluss darauf zu nehmen und fügt sich diesem letzten Endes.

Melusine als Mischwesen hat ebenfalls diese übernatürliche prophetische Gabe, versucht aber hingegen, z.B. durch die Ehe mit Reymund und die von ihr veranlasste Tötung Horribels, Einfluss auf das Schicksal zu nehmen. Ihre Handlungsmotivation hierbei ist das Erlösungsbestreben. Dieser Ablauf zeigt, dass die Geschichte nicht unabänderlich vorgegeben, sondern im Gegenteil durch das Eingreifen Melusines veränderbar ist. Genau an dieser Stelle wird aber ein Widerspruch zwischen dem

Schicksal, den Bestimmungen und den vorgegebenen Handlungsabläufen auf der einen Seite und der Veränderungsmöglichkeit durch Melusines Eingriffe in die Handlungsabläufe, die sich von der natürlichen Ordnung der Dinge abheben, andererseits deutlich.

Man könnte allerdings auch die These aufstellen, dass Melusine um die Unmöglichkeit ihrer Erlösung weiß. Zwar erfüllt sie die Bedingungen, an die ihre Erlösung geknüpft ist, mustergültig, doch der Tabubruch liegt bereits im auferlegten Tabu begründet. Das Scheitern der Ehe kann also analog als ,legitime' Konsequenz der fragwürdigen, auf einem Tabu gegründeten Ehe mit einem andersnatürlichen Wesen betrachtet werden. Auch Melusine weiß, dass der Tabubruch mit der Auferlegung eines Tabus folglich unvermeidlich ist (wie es auch die Struktur der Mahrtenehe vorsieht): Schon während der ersten Begegnung am Durstbrunnen prophezeit sie Reymund – von diesem noch durchaus positiv aufgefasst: *„Reymund / du wirst gar weiß / und zu solchen Ehren kommen / daß keiner deines Geschlechts nie hoeher kam / noch hinfuerter kommen wirdt"* (Thüring von Ringoltingen, S. 13). Der Inhalt dieser Aussage korreliert exakt mit der Warnung, was bei einer Verletzung des Tabus geschähe: *„ (...) und es wird darnach deinen Kindern und Erben fast mißgehen / und werden abnemmen an Land und Leuten / an Ehr und an Gut"* (Thüring von Ringoltingen, S. 14). Zum anderen erweist sich Melusine als Bauherrin, wobei der vormalige Naturraum vernichtet wird, um an seiner Stelle einen Kulturraum zu schaffen. Einzig der Durstbrunnen verbleibt im Zentrum Melusines Herrschaft als Erinnerung an ihre wassergebundene Natur. In ihrem Schaffensprozess kommen die Handwerker gleichsam aus dem Nichts und sie baut mit einer übermenschlichen Geschwindigkeit. Der Grund der ungemeinen Bautätigkeit lässt sich meines Erachtens in Melusines Wissen um das Scheitern ihres Erlösungsprogramms erkennen. Melusine, die dem ihr durch den Fluch auferlegten Naturkörper nicht entfliehen kann, versucht eine stellvertretende Erlösung durch die Verdrängung der Natur aus ihrer Einflusssphäre wenn nicht selbst zu erlangen, so doch zu schaffen. Sie schöpft jede sich ihr bietende Möglichkeit des schöpferischen Agierens in der Menschenwelt aus, während sie den samstäglichen Tierleib in einem verbotenen Raum hinter Wänden verwahrt.

2.6 Die Erzählstruktur

Reymund bleibt im Gegensatz zu Melusine im gesamten Text überaus passiv. Er verhält sich wie jemand, der Erzählungen zur Mahrtenehe kennt und sich nun in eben diesen literarischen Kontext projiziert sieht, den er normgemäß zu erfüllen sucht. Nur zu drei Gelegenheiten trifft er selbstständige Entscheidungen: die Tötung seines Onkels (zu der er allerdings durch die Weissagung angeregt wurde), die öffentliche Verfluchung Melusines, die schließlich zur Trennung führt und die Entscheidung, seinen Lebensabend im Kloster zu Monteserrat zu verbringen. Melusine, mit offenbar von beiden als selbstverständlich angesehener Dominanz, gibt von Beginn ihrer Verbindung an detaillierte Handlungsanweisungen, etwa die Hochzeit oder den Lehenserwerb betreffend. Als Landsherr agiert Reymund folglich, wenn überhaupt, dann nur auf direkte Anweisungen seiner Gemahlin, als Ehemann auf Anweisung seines Lehnsherrn und ältesten Bruders dem Graf vom Forst, wie der von diesem inspirierte verbotene Blick deutlich macht.

*2 *3

Bemerkenswert ist seine Reaktion auf das Gesehene: weder etwa blockiert er die Tür und ruft einen Priester, um seine Frau zu exorzieren, wie es in anderen Texten üblich ist, noch betritt er das Zimmer, um (er ist mit einem Schwert bewaffnet) den Wurmschwanz abzuschlagen oder versucht seine Frau wenigstens darauf hinzuweisen, dass vielleicht ein alles klärendes Gespräch von Nöten wäre. Stattdessen empfindet er Sorge seines Verdachtes und seiner Untreue wegen (nicht etwa wegen Melusines offensichtlicher Dämonenhaftigkeit), bezichtigt seinen Bruder als Anstifter seiner Treulosigkeit und versucht diese Tat zu vertuschen, obwohl er Melusines Gabe, auch die Dinge, die ihr eigentlich verborgen sein müssten, zu bemerken, kennt.

Doch anders als in den anderen literarischen Erzählungen zur Mahrtenehe, bleibt die Ehe zunächst nach dem Bruch des Sehtabus erhalten und ein neues unausgesprochenes Tabu wird auferlegt: Seinen Sorgen begegnet Melusine, indem sie zu ihm ins Zimmer kommt, die Tür hinter sich abschließt, sich zu ihm ins Bett legt und ihn küsst. Sie versichert ihn auf diese Weise ihrer Liebe und des Fortbestehens ihrer Ehe. Dass sie von seiner Tat weiß, spielt in dieser Konstruktion Thürings keine Rolle: Nicht seine Untreue oder ihr Wissen darüber lösen die Trennung aus, sondern erst die Veröffentlichung Melusines Geheimnis. Auslöser des zweiten Tabubruchs ist die Begebenheit, dass Goffroy seinen eigenen Bruder Freymund mitsamt dem von Melusine erbauten Kloster zu Malliers und hundert Mönchen verbrennt. Der Brudermord Goffroys mit dem Eberzahn weckt in ihm die Erinnerung an den Mord, den er an seinem Onkel begangen hat und den er bedauert. Die aus diesem Mord resultierende Ehe mit Melusine, glaubt er als Folge der Tat auch bedauern zu müssen. Die Herstellung der Verbindung des Verwandtenmordes mit Melusine (in der er wohl auch die Urheberin des von ihm selbst verübten Mordes sieht) lässt ihn die Schuld für die Tat Goffroys auf seine Frau und deren Erbteil schieben. Nachdem Reymund nun von den Ruinen des Klosters Malliers zurückkommt, beklagt er sein Leid wieder in einem Zimmer. Diese Szene ist somit parallel zu jener aufgebaut, in welcher er seinen ersten Tabubruch, den Blick durch die Tür, beklagt. Aber als Melusine diesmal das Zimmer betritt, reagiert sie nicht in gleicher Weise: Anstatt die Kammer nach dem Betreten wieder zu verschließen, bringt sie sogar noch Menschen mit. Es ist bemerkenswert, dass Melusine, die, wie aus der Begegnung am Durstbrunnen oder auch aus ihrer Aussage, Goffroy werde das Kloster wieder aufbauen, ersichtlich ist, über Wissen über die Zukunft verfügt, ausgerechnet in dieser Situation, in der sie weiß, was geschehen wird, zu der sonst recht trauten Zweisamkeit die Öffentlichkeit hinzuzieht. Vielleicht hoffte sie, dass Reymund sich angesichts der Öffentlichkeit beherrschte und nichts sage. Aber es entsteht auch der Eindruck, als arbeite Melusine geradezu auf Publikmachung ihrer wahren Natur hin, zumal die Trennung im Textverlauf einer Mahrtenehe mit allen Mitteln erreicht werden muss. Melusine selbst ist es, die nun seinen verbotenen Blick erwähnt und erklärt, dass ihr nun nicht mehr das Schicksal einer normalen Frau zuteil werden kann. Sie erst präzisiert die als allgemeine Beschimpfung deutbare Äußerung Reymunds zur Offenbarung ihrer wahren Natur und entschwindet vor den Augen Reymunds und denen der Dienstleute fliegend aus dem Fenster.

© Germ. National-Museum   *3   *4

Die Erfüllung des Fluches bezeichnet sie selbst als unausweichlich, scheint aber einer von ihr selbst herbeigeführten Situation zu entspringen.

Die Handlung wechselt – wie gewohnt abrupt – zu Goffroy, welcher nach Norwegen aufbricht, um dort einen Riesen zu erschlagen. Betrachtet man den Weg Goffroys, so erkennt man, dass sein Ritt nach Malliers, wo er durch das Niederbrennen des Klosters die Tragödie auslöst, ein Umweg ist. Dieser Umweg kann als Einschub verstanden werden, der die eigentliche Handlung mit einem bestimmten Ziel unterbricht, der letztlich nur der Sollerfüllung eines literarischen Programms dient. Hätte Goffroy nämlich seinen Weg fortgesetzt und seinen Bruder später verbrannt, wäre eine Situation eingetreten, für die der Fluch nicht vorgesehen ist. Im Fluch ist als Bedingung zur Erlösung Melusines festgelegt, dass ihr Wesen nicht erkannt werden darf. Goffroy aber findet im Berg eine Tafel, auf der Persine das Wesen ihrer Tochter beschreibt, und welche er auch als Beschreibung seiner Mutter erkennt, ohne deren Verwandlung miterlebt zu haben. Er hätte also damit die Natur Melusines erkannt, ohne das Tabu gebrochen zu haben – eine Konstellation, die der Fluch nicht vorsieht.   Nachdem Goffroy im Verlaufe des Riesenabenteuers die bis dahin unbekannte genealogische Wahrheit über seine Herkunft mütterlicherseits aufgedeckt hat, müsste man annehmen, dass die bis dahin entstandenen Fragen um ihre Person aufgeklärt werden (zum Beispiel die Frage der Gewaltproblematik).

Aber die nachgereichte Genealogie Melusines stiftet keine dynastische Kohärenz, sie verschleiert sogar mehr als sie erklärt: Unklar bleibt der Grund für Persines Verbot,

Helmas Tabubruch und woher Persine die Macht hat ihre Töchter zu verfluchen. Die vorherige Ursprungslosigkeit Melusines verschiebt sich somit eine Generation nach hinten auf die Mutter. Zudem bleibt die Erkenntnis des dynastischen Ursprungs herrschaftspolitisch und im Hinblick auf die Problematik der innerfamiliären Gewalt funktions- und wirkungslos. Die Abstammungsgeschichte steht isoliert im Riesenabenteuer und ruft keine Neuorientierung hervor oder verhindert weitere Gewalttaten. In diesem Zusammenhang ist also keine Entwicklung zu verzeichnen, da die destruktive Gewalt immer wieder wiederholt wird. Eine Konfliktlösung als Ziel wird in diesem Roman somit nicht angestrebt.

Wie soeben erwähnt, wird die Herkunft und das Geschlecht Melusines nachträglich in die Geschichte integriert und bindet zugleich die Episoden um Melusines Schwestern in die Handlung ein. Die dem zugrunde liegende erzählerische Strategie ist es, durch im Nachhinein eingeholte Ursprünge und Ursachen den Ereignissen einen Anschein von Zwangsläufigkeit zu verleihen. Diese Erzählgeste findet sich auch wieder, als Melusine Goffroys Brudermord nachträglich rechtfertigt: *„daß Goffroy das Kloster und die Muenche verbrennet unnd verderbet hat / daß es GOtt also uber die Muench verhengt hat / von irer grewlichen grossen Suend wegen".* (Thüring von Ringoltingen, S. 88), obwohl die Klostergemeinschaft vorher als vorbildlich geschildert wurde. Eine nachträgliche Erklärung des Handlungsverlaufs durch Vorherbestimmung findet sich auch in Goffroys Riesenabenteuer, denn im Nachhinein erfährt Goffroy, dass sein Gegner der Riese schon um seinen bevorstehenden Tod im Kampf wusste: *„denn er weiß gewisslich / daß ihr ihn ertoedtet / denn es ist im alles vor geweissaget".* (Thüring von Ringoltingen, S. 102). Der Roman erzeugt somit den Eindruck, dass Ziel und Ausgang in einem gradlinigen Ursache-Folge-Verhältnis, dessen Anfang und Ende nicht festliegen, schon bestimmt sind.

Die extrem häufigen Vorausdeutungen, in denen der Autor künftiges Geschehen vorwegnimmt, tragen ebenso wie die abrupten Wechsel des Handlungsstranges, die meist mit einem profanen *„Das laß ich nun bestehen"* eingeleitet werden, meines Erachtens gezielt zu einer Desillusionierung des Lesers bei, dem stets vor Augen gehalten wird, dass er sich in einem literarischen Text befindet, über den einzig der Autor verfügt. Die Verwicklung der Handlung, die auf einer Fülle von Personen aus vier Generationen beruht, vollzieht rasche Wendungen zwischen Glück und Unglück.

Die Erzählweise mit ihren zeitlichen Rückblenden, markanten Rückungen im Tempo, ihrem Einschachteln von Episoden und dem Nebeneinander verschiedener Handlungsstränge trägt schließlich das Ihre zum Eindruck eines vielfältigen, schwer durchschaubaren, verrätselten Ganzen bei.

3. Abschließende Betrachtung

Der Autor, so lese ich den Text, versucht, die Erwartungshaltung seiner Leser aufzubrechen. Es wird bewusst ein Widerspruch zwischen auf dem Wissen um literarische Traditionen basierender Leseerwartung und Romanhandlung aufgebaut. Der Leser, der seit dem Titel weiß, dass Melusine ein jenseitiges Mischwesen ist, wird in seiner Erwartung getrogen, denn, anders als ihre literarischen Schwestern, sucht Melusine geradezu die Nähe der Kirche. Auch der Tabubruch bringt nicht den „gewünschten" Erfolg, so dass schließlich eine um der Normerfüllung willen sichtlich konstruierte Situation geschaffen werden muss, in welcher Reymund Melusine verrät – selbst wenn dafür hundert Mönche sterben müssen. Obwohl die Frage, ob dies der Autorintention entspricht, als unklärbar erkannt werden muss, kann man die Melusine Thüring von Ringoltingens als Literaturexperiment ansehen.

4. Literaturverzeichnis

Klinger, J.: Gespenstische Verwandtschaft. Melusine oder die unleserliche Natur des adligen Geschlechts. In: Eming, J., Jarzebowski, C., Ulbrich, C. (Hg.):Historische Inzestdiskurse. Königstein/ Taunus: Ulrike Helmer Verlag 2003

Ringoltingen, Thüring von: Melusine. In der Fassung des Buchs der Liebe (1587). Mit 22 Holzschnitten. Roloff, H.-G. (Hg.). Stuttgart: Philipp Reclam 2000

Bilder:

[1] www.melusine-transgraphe.asso.fr/.../ bain.htm

[2] www.evelynvaughn.homestead.com/ melusine.html

[3] www.skramstad.no/ folkebok/homemelusina.htm

[4] pages.videotron.com/ chimere/contes/melusine.html